Mitanga

1

EDUCAÇÃO INFANTIL

CB037209

EM FESTA

MITANGA PALAVRA DE ORIGEM TUPI QUE SIGNIFICA "CRIANÇA" OU "CRIANÇA PEQUENA".

Editora do Brasil

SUMÁRIO

CARNAVAL

É HORA DE PULAR CARNAVAL!

Ó ABRE ALAS

Ó ABRE ALAS
QUE EU QUERO PASSAR

EU SOU DA LIRA
NÃO POSSO NEGAR

CHIQUINHA GONZAGA, 1899.

Pinte a imagem e cante a marchinha de Carnaval.

- Que tal construir um chocalho para tocar enquanto canta?

Siga o passo a passo da página seguinte e monte o chocalho.

HENRIQUE BRUM

CHOCALHO

MATERIAIS:

- 2 POTINHOS DE IOGURTE VAZIOS;
- FITA ADESIVA COLORIDA;
- COLA COLORIDA;
- GRÃOS DE FEIJÃO OU MILHO.

ILUSTRAÇÕES: HENRIQUE BRUM

MODO DE FAZER

1. COLOQUE OS GRÃOS DENTRO DE UM DOS POTINHOS.
2. TAMPE-O COM O OUTRO POTINHO E USE FITA ADESIVA COLORIDA PARA UNI-LOS.
3. COM COLA COLORIDA, ENFEITE O CHOCALHO, DEIXANDO-O BEM COLORIDO.
4. ESPERE SECAR E BRINQUE COM OS COLEGAS TOCANDO, CANTANDO E DANÇANDO A MARCHINHA DE CARNAVAL.

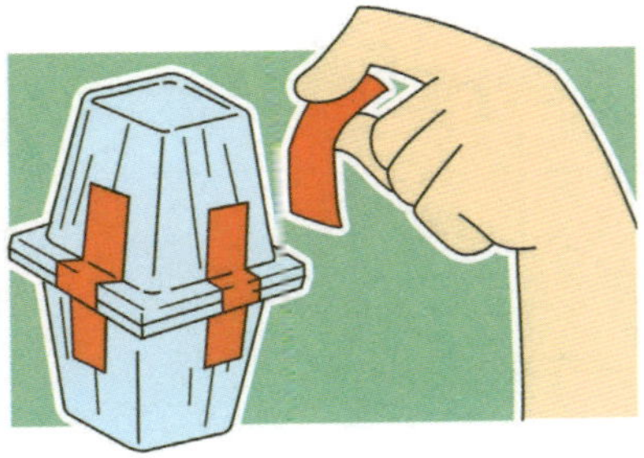

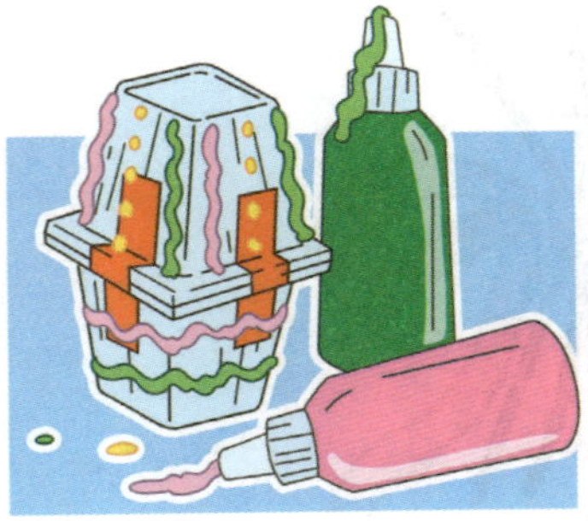

Observe as imagens e ouça as orientações do professor. Depois, toque o chocalho com os colegas enquanto cantam juntos a marchinha.

▼ Você conhece outras músicas de Carnaval?

DIA INTERNACIONAL DA MULHER – 8 DE MARÇO

NESTE DIA ESPECIAL, VAMOS FAZER UM BUQUÊ DE FLORES PARA HOMENAGEAR AS MULHERES QUE AMAMOS.

BRUNA ISHIHARA

Que tal homenagear as mulheres mais importantes de sua vida?

Com giz de cera, desenhe as flores do buquê.

Depois, fale com os colegas sobre as mulheres que você admira e conte por quê.

PÁSCOA

COELHO DE ARGILA

MATERIAIS:

- ARGILA;
- ROLO DE MACARRÃO;
- PALITO DE DENTE OU DE FÓSFORO;
- TINTA GUACHE COLORIDA.

MODO DE FAZER

1. COM O ROLO DE MACARRÃO, ESTIQUE A ARGILA, DEIXANDO-A COM 2 DEDOS DE ALTURA.

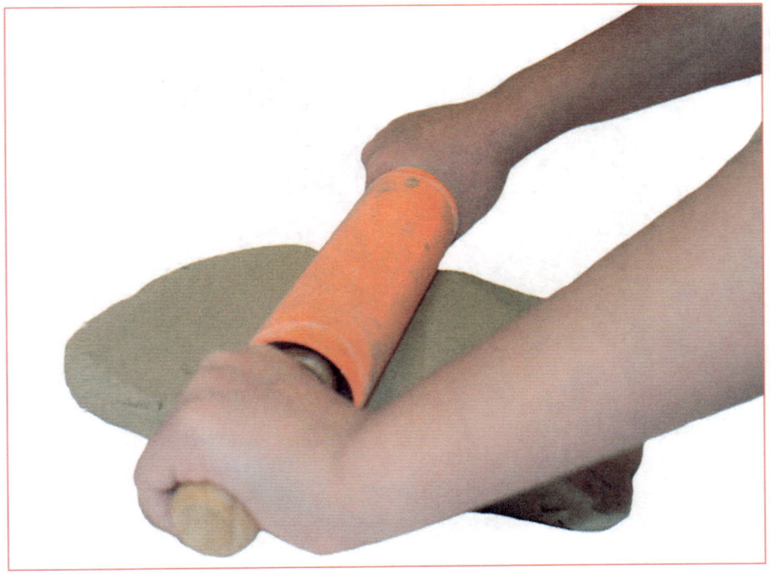

BETO CELLI

Você sabia que o coelho é um dos símbolos da Páscoa?

Para festejar esta data, desenhe um coelhinho bem alegre na placa de argila. Siga o passo a passo.

2. DESENHE O COELHINHO DA PÁSCOA NA ARGILA USANDO O PALITO.

IMAGENS: BETO CELLI

3. ESPERE SECAR E, DEPOIS, PINTE O DESENHO COM TINTA GUACHE COLORIDA.

Apresente seu desenho aos colegas e ao professor. Depois, organizem juntos uma exposição com todos os trabalhos da turma.

- Você e sua família costumam comemorar a Páscoa?

DIA NACIONAL DO LIVRO INFANTIL – 18 DE ABRIL

ESTA DATA HOMENAGEIA UM GRANDE ESCRITOR BRASILEIRO CHAMADO MONTEIRO LOBATO.

MODELO:

ILUSTRAÇÕES: HENRIQUE BRUM

Vamos criar um móbile da turma do Sítio do Picapau Amarelo?

Você vai precisar de uma vareta, fita-crepe e pedaços de barbante.

Para começar, pinte as imagens desta página e as da página 11. Depois, recorte-as e cole cada uma delas na ponta de um barbante, usando fita-crepe. Para finalizar, amarre os barbantes na vareta.

Veja o modelo.

ILUSTRAÇÕES: HENRIQUE BRUM

DIA DO ÍNDIO – 19 DE ABRIL

A LENDA DA VITÓRIA-RÉGIA

[...] NAIÁ ERA A MAIS BELA DA TRIBO. UM DIA AO VER JACI, A LUA, REFLETIDA NAS ÁGUAS DO IGARAPÉ, DESEJOU IR MORAR COM ELA NO CÉU E VIRAR UMA ESTRELA.

POR DIAS E NOITES A FIO, NAIÁ FICAVA ALI, NA BEIRA DO IGARAPÉ, ESPERANDO E ADMIRANDO O REFLEXO DA LUA, SEM COMER NEM BEBER. E ACABOU DEFINHANDO E MORRENDO.

COM PENA, A LUA TRANSFORMOU-A NUMA ESTRELA DIFERENTE: UMA ESTRELA DAS ÁGUAS. E É POR ISSO QUE AS FLORES DA VITÓRIA-RÉGIA SÓ SE ABREM À NOITE.

LUIZ EDUARDO RICON. VITÓRIA-RÉGIA. *IN*: **MULTIRIO**, RIO DE JANEIRO, 6 OUT. 2017. DISPONÍVEL EM: WWW.MULTIRIO.RJ.GOV.BR/INDEX.PHP/INTERAJA/MULTICLUBE/9A11/DIZ-A-LENDA/13074-VIT%C3%B3RIA-R%C3%A9GIA. ACESSO EM: 26 MAR. 2020.

- Você já viu uma vitória-régia?
- Conhece essa lenda indígena?

Acompanhe a leitura do professor.

Depois, com forminhas de doce e papel crepom, faça uma vitória--régia e cole-a no igarapé. Siga as orientações do professor.

BRUNA ISHIHARA

DIA INTERNACIONAL DA FAMÍLIA – 15 DE MAIO

A FAMÍLIA É NOSSO MAIOR TESOURO!

1.

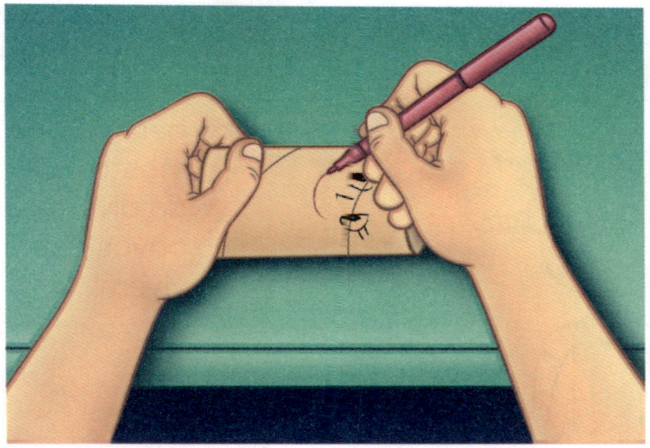

2.

3.

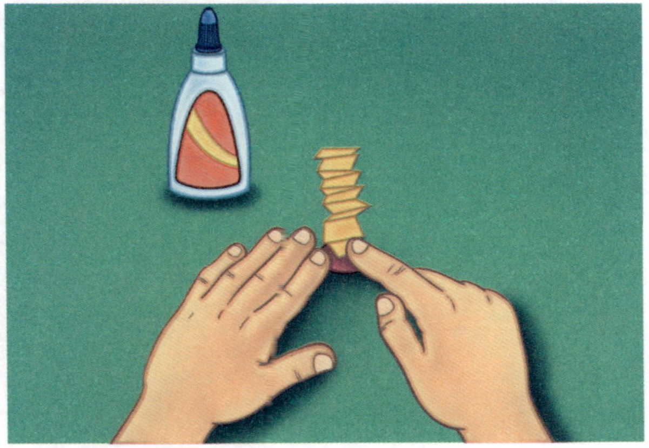

4.

ILUSTRAÇÕES: BRUNA ISHIHARA

- Quem mora com você?
- Que tal fazer bonecos de sua família?

Seguindo as orientações do professor, faça os bonecos e presenteie seus familiares com eles.

DIA MUNDIAL DA DIVERSIDADE CULTURAL – 21 DE MAIO

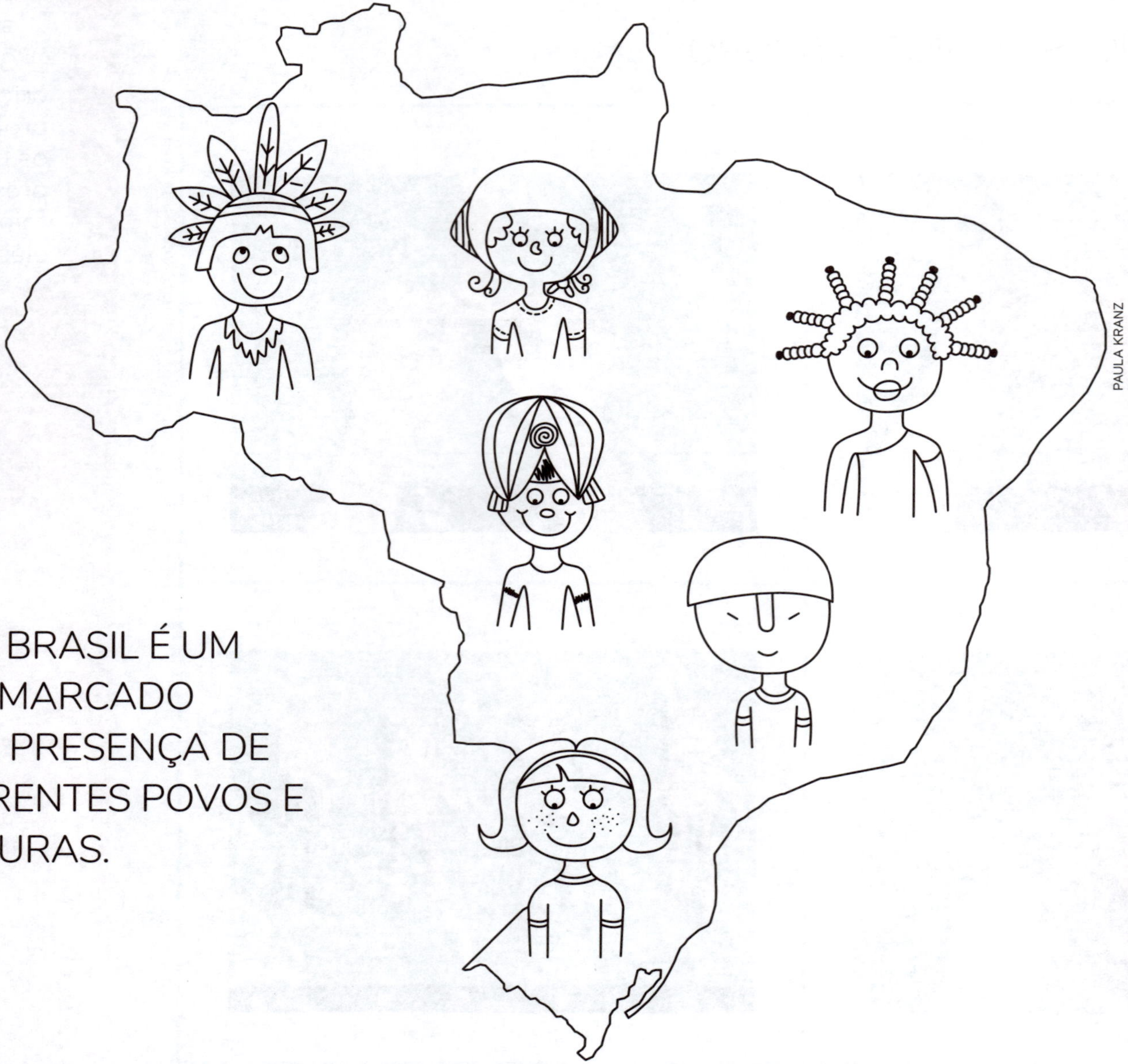

O BRASIL É UM PAÍS MARCADO PELA PRESENÇA DE DIFERENTES POVOS E CULTURAS.

▼ Você tem amigos ou parentes de outro estado ou país? Eles têm os mesmos costumes que você?

Para valorizar nossa riqueza cultural, pinte o mapa do Brasil bem colorido. Ele mostra um pouco da diversidade de povos que aqui vivem.

FESTIVAL FOLCLÓRICO DE PARINTINS – ÚLTIMO FIM DE SEMANA DE JUNHO

O FESTIVAL FOLCLÓRICO DE PARINTINS APRESENTA AO PÚBLICO ALGUMAS LENDAS, RITUAIS E COSTUMES DOS INDÍGENAS DA AMAZÔNIA. OS PERSONAGENS PRINCIPAIS DESSA FESTA SÃO DOIS BOIS: O CAPRICHOSO E O GARANTIDO.

DELFIM MARTINS/PULSAR IMAGENS

BOI CAPRICHOSO. FESTIVAL FOLCLÓRICO DE PARINTINS, AMAZONAS, 2010.

EDMAR BARROS/FUTURA PRESS

BOI GARANTIDO. FESTIVAL FOLCLÓRICO DE PARINTINS, AMAZONAS, 2013.

Para comemorar esta data folclórica e brincar na festa, faça seu próprio boi. Siga as instruções da página seguinte.

- Você sabia que o boi Caprichoso é representado pela cor **azul** e o Garantido, pela cor **vermelha**?

CAPRICHOSO OU GARANTIDO?

MATERIAIS:

- 1 BAMBOLÊ;
- FITAS DE CETIM COLORIDAS COM 60 CENTÍMETROS DE COMPRIMENTO;
- FITA DUPLA-FACE;
- TINTA PLÁSTICA COLORIDA;
- TESOURA SEM PONTA.

MODO DE FAZER

1. COLE A PONTA DAS FITAS AO REDOR DO BAMBOLÊ USANDO FITA DUPLA-FACE.
2. COM A TINTA, PINTE A CARA DO BOI QUE ESTÁ NA PÁGINA SEGUINTE, ENFEITE-A COMO DESEJAR E RECORTE-A.
3. COLE A CARA DO BOI NO BAMBOLÊ USANDO A FITA DUPLA-FACE E DIVIRTA-SE!

BETO CELLI

HENRIQUE BRUM

DIA NACIONAL DO FUTEBOL – 19 DE JULHO

BOLA DE MEIA

MATERIAIS:

- 1 MEIA VELHA (GRANDE);
- 2 FOLHAS DE JORNAL;
- FITA-CREPE.

MODO DE FAZER

1. AMASSE AS FOLHAS DE JORNAL FORMANDO UMA BOLA.
2. PASSE A FITA-CREPE EM VOLTA DA BOLA DE JORNAL APERTANDO BEM.
3. COLOQUE A BOLA DENTRO DA MEIA E ENROLE.
4. COM A PONTA QUE SOBRAR, ENVOLVA A BOLA NOVAMENTE.
5. COM O PEDACINHO RESTANTE, DÊ UM NÓ COM A AJUDA DO PROFESSOR.
6. A BOLA DE MEIA ESTÁ PRONTA!

IMAGENS: BETO CELLI

- Você gosta de jogar futebol?
- Você torce para algum time?
- Sabia que antigamente as bolas eram feitas com meias?

Para comemorar o Dia Nacional do Futebol, faça uma bola de meia e divirta-se com os colegas em uma partida de futebol.

DIA DOS AVÓS – 26 DE JULHO

A CASA DOS AVÓS É UM LUGAR MUITO ESPECIAL!

BRUNA ISHIHARA

- Você costuma visitar seus avós?
- O que você mais gosta de fazer quando está na casa deles?

Desenhe dentro da casa o que você mais gosta ou gostaria de fazer na casa de seus avós.

Depois, mostre seu desenho aos colegas.

DIA NACIONAL DA SAÚDE – 5 DE AGOSTO

ESTA DATA FOI CRIADA PARA CONSCIENTIZAR AS PESSOAS SOBRE A IMPORTÂNCIA DE CUIDAR DA SAÚDE.

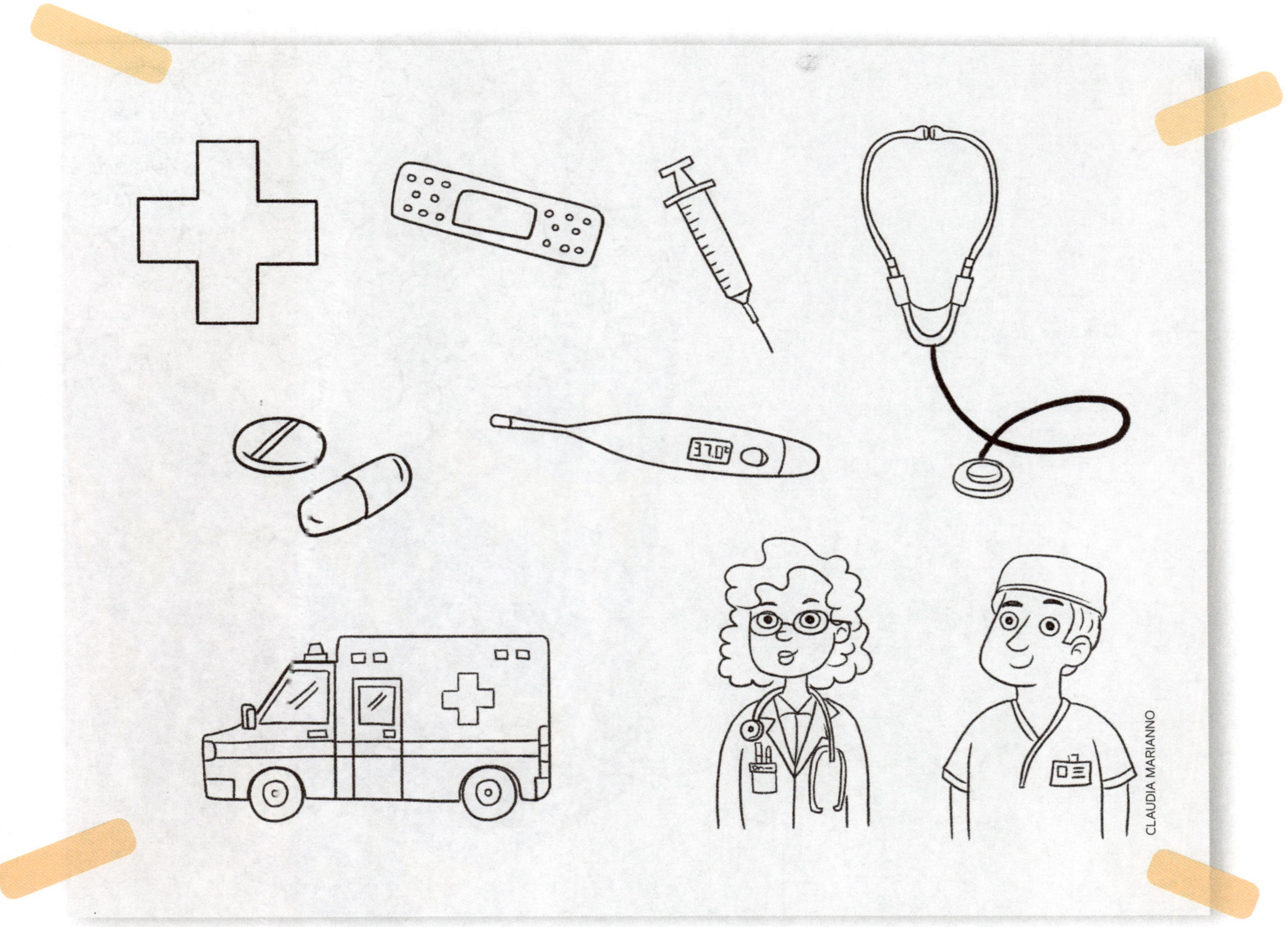

Observe o cartaz ao lado.

- O que esses símbolos significam?
- Por que é importante cuidar da saúde?

Pinte as imagens e converse com o professor sobre os profissionais da saúde e os hábitos que devemos ter para nos mantermos saudáveis.

Depois, com a ajuda do professor, faça um cartaz para divulgar esta data.

CUIDANDO DA SAÚDE

ILUSTRAÇÕES: HENRIQUE BRUM

Para descobrir outros cuidados importantes que devemos ter com nossa saúde, pinte as imagens e cole uma fotografia de seu rosto nos espaços indicados.

- Você costuma realizar essas atividades diariamente?

DIA DO FOLCLORE – 22 DE AGOSTO

VOCÊ CONHECE A LENDA DO BOTO COR-DE-ROSA?

BRUNA ISHIHARA

Ouça a lenda do **Boto-cor--de-rosa**. Depois, pinte-o e recorte-o.

Na página 27, cole seu boto e desenhe um cenário para ele.

ONDE O BOTO MORA?

COLE AQUI SEU BOTO E DESENHE UM CENÁRIO PARA ELE.

BRINCADEIRAS FOLCLÓRICAS

TRANSMITIDAS DE GERAÇÃO A GERAÇÃO, AS BRINCADEIRAS FOLCLÓRICAS SOBREVIVEM AO TEMPO E DIVERTEM CRIANÇAS E ADULTOS.

CABRA-CEGA

O JOGO VAI COMEÇAR...
FAIXA AMARRADA NOS OLHOS,
CABRA-CEGA QUER PEGAR.

NO JOGO DE TROCA-TROCA,
A FAIXA TEM QUE PASSAR.
TODOS CORREM, TODOS GRITAM
PRA CABRA-CEGA ENGANAR.

MÉRCIA MARIA LEITÃO E NEIDE DUARTE. **FOLCLORICES DE BRINCAR**. SÃO PAULO: EDITORA DO BRASIL, 2009. P. 14.

Ouça a leitura do professor.

- De que brincadeira o texto fala?

Faça um desenho para representá-la. Depois, brinque com os colegas.

- Você conhece outras brincadeiras folclóricas?

DIA DO SOLDADO – 25 DE AGOSTO

PAULA KRANZ

Os soldados nos protegem e cuidam de nossa segurança.

- Você conhece algum soldado?
- Como são as roupas dele?

Cubra os tracejados e descubra alguns itens que fazem parte do uniforme de um soldado. Depois, pinte o desenho.

INDEPENDÊNCIA DO BRASIL – 7 DE SETEMBRO

Este é um dia muito importante para o Brasil! Nesta data comemoramos a liberdade do nosso país.

- O que as crianças estão segurando?

Observe o mapa e circule as letras que formam o nome do nosso país: BRASIL.

- Você sabe quais são as cores da Bandeira Nacional?

DIA DA NATUREZA – 4 DE OUTUBRO

PRESERVAR A NATUREZA É MUITO IMPORTANTE PARA A VIDA DE TODOS NÓS.

Para comemorarmos este dia especial, que tal montar uma árvore?

Recorte a imagem no lugar indicado e cole-a em um papelão ou pedaço de cartolina.

Depois, recolha algumas folhas de árvore caídas pelo pátio da escola ou perto de sua casa e cole-as na folha para formar a copa da árvore.

Por último, faça bolinhas de papel crepom e cole-as na copa para representar os frutos.